Veriteco ハーブで染める花々のコサージュ

はじめに

　1つの小さな花ができたら、また1つ…
そうして、たくさんの種類の花ができたら、大きな花束や花冠へとなっていきます。
　1種類のハーブから魔法のように複数の色を作り、それを何種類ものハーブで作れば、とてもとてもたくさんの色ができ上がります。
　この本では、染色が初めての方にも挑戦しやすいように、1種類のハーブだけで作れる作品から、ハーブの種類を増やしてバリエーションが楽しめるように構成しました。

　ページをめくりながら、簡単な作品から難しい作品へと順を追って作ることで、日々、新しいことができるようになる楽しさを味わっていただけたら嬉しいです。

　花や葉、実、自然界の恵みから得た色は、月日とともに色褪せていきます。しかし、その移ろいも味わいです。

　美しく咲いた花も、やがて枯れていく…。
花の命そのものを表現したいと思い、人工的な色づけではないハーブ染めにこだわって作品を作っています。

　お手持ちのお洋服たちに自然となじむように、布花は、綿や麻など天然素材を中心に使いました。
　また、この本では、コサージュ用のコテなど特別な道具を使わずに指先のくせづけだけで表情や形を作る提案をしています。

　もっと気軽に染め花にチャレンジしてみませんか

　もしかしたら、引き出しの片隅に眠っている小さな端切れやレースで、キッチンの片隅にある飲みかけのハーブティーで、何か小さな染め花が作れるかもしれません。

Contents

花一輪のピアス、リング、ヘアピン ……… p.6, p.52
ローズマリーのブレスレット ……… p.9, p.54
花びら色に染まるバラコサージュ ……… p.10, p.55
ふわり花びらを重ねたヘアゴム ……… p.11, p.58
大きな紫陽花のコサージュ ……… p.12, p.60
紫陽花と粒の花咲くタッセル ……… p.13, p.59
シフォンの花と小さなかすみ草のクリップ ……… p.14, p.62
野の花にカモミールを添えて ……… p.15, p.64
花束を飾るヘアゴム ……… p.17, p.66
小さなブーケの耳飾りとペンダント ……… p.18, p.68
パンジーのブーケリボンコサージュ ……… p.20, p.70
花畑のバレッタ ……… p.21, p.72
花と果実を結ぶリボンの首飾り ……… p.22, p.73
レースの揺れるヘアコーム ……… p.25, p.74
花々をつなぐキルトピン ……… p.26, p.76
欲張りな花摘み娘のコサージュ ……… p.29, p.77
特別な装いのヘッドドレス ……… p.30, p.78
記憶と今を彩る花冠 ……… p.32, p.79

染色 ……… p.37
ハーブ染めとは ……… p.38
道具 ……… p.39
ハーブ染めの手順 ……… p.40
下処理 ……… p.41
抽出 ……… p.42
媒染 ……… p.45

色見本 ……… p.46
糊うち ……… p.50
作り方 ……… p.51
型紙 ……… p.81
Veriteco お店紹介 ……… p.80
協力してくださった方々 ……… p.87

Dyeing fabric corsages with Herbs

花一輪のピアス、リング、ヘアピン
How to make >> 52 page
Herbs : Hibiscus, Blue Mallow, Rosemary, Red Rose

ローズマリーのブレスレット
How to make >>54 page
Herbs : Rosemary

花びら色に染まるバラコサージュ
How to make >> 55 page
Herbs : Red Rose

ふわり花びらを重ねたヘアゴム
How to make >>58 page
Herbs : Hibiscus, Peppermint, Lavender

大きな紫陽花のコサージュ
How to make >> 60 page
Herbs : Blue Mallow

紫陽花と粒の花咲くタッセル
How to make >> 61 page
Herbs : Blue Mallow

シフォンの花と小さなかすみ草のクリップ
How to make >> 62 page   Herbs : Sage

野の花にカモミールを添えて
How to make >> 64 page
Herbs : Camomille

花束を飾るヘアゴム
How to make >> 66 page
Herbs : Onion

小さなブーケの耳飾りとペンダント
How to make >>68 page　Herbs : Lavender

パンジーのブーケリボンコサージュ
How to make >>70 page
Herbs : Hibiscus

花畑のバレッタ
How to make >>72 page
Herbs : Blue Mallow, Onion, Camomille, Lavender

花と果実を結ぶリボンの首飾り
How to make >> 73 page   Herbs : Rosehip

レースの揺れるヘアコーム
How to make >> 74 page
Herbs : Red Rose

花々をつなぐキルトピン
How to make >> 76 page
Herbs : Onion, Rosemary

欲張りな花摘み娘の
コサージュ
How to make >> 77 page
Herbs : Blue Mallow, Red Rose, Coffee

特別な装いのヘッドドレス
How to make >> 78 page
Herbs : Rosemary, Tea, Rosehip, Peppermint

記憶と今を彩る花冠
How to make >> 79 page   Herbs : Camomille, Red Rose, Hibiscus, Blue Mallow, Sage, Tea

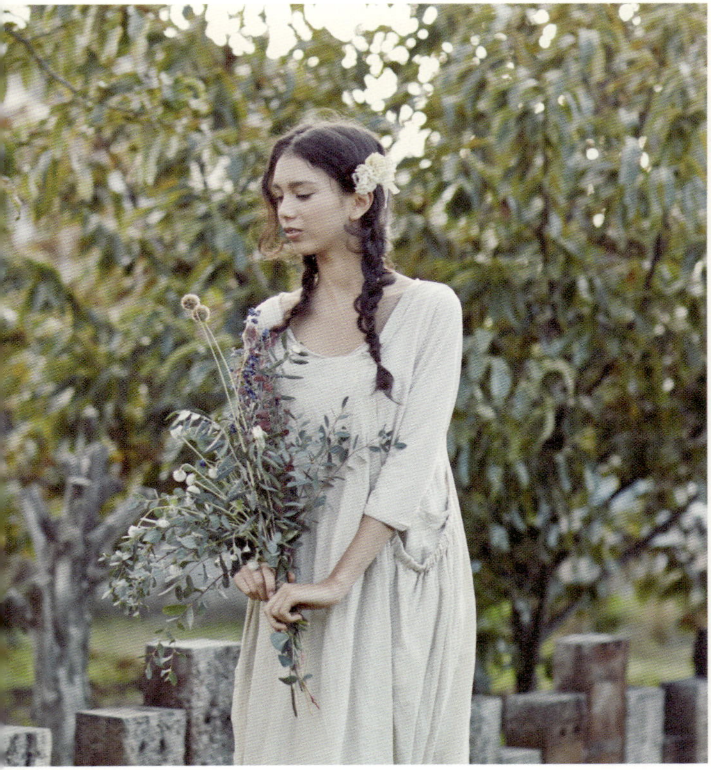

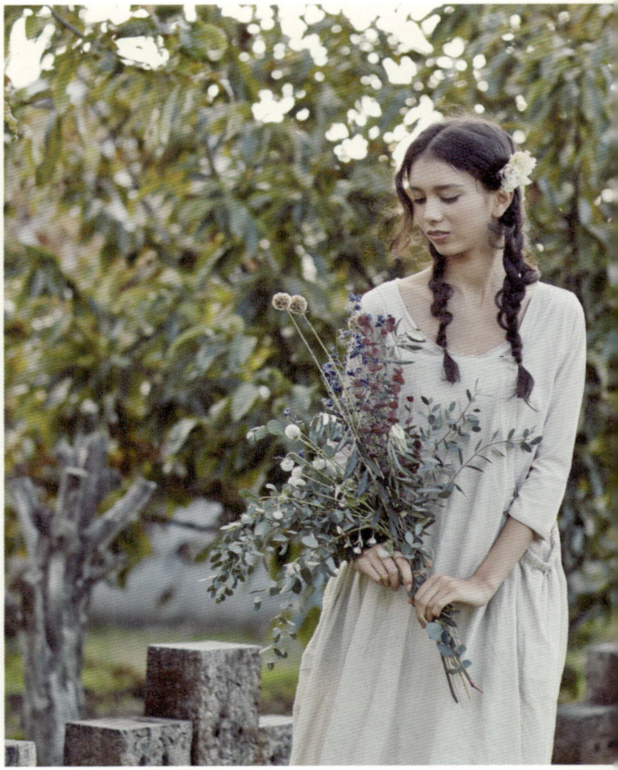

36

Dyeing 染色

　この本では、草木染めは難しいと感じていた方にも、より身近に感じていただけるように、ドライハーブティーを用いて染色します。

　朝からお鍋をコトコト煮てハーブの色を抽出すると、部屋中が爽やかな香りでいっぱいに…。その日一日がすっきりとした気持ちで迎えられます。

　また、夜にハーブ染めをすると、香りの効果で気持ちも穏やかに…。一日の疲れが癒されてよい眠りにつけそうです。

　白い布を自分の好きな色に染めて作る花々は、市販の布で作るものよりも手間がかかる分、自分だけの特別な作品になります。ハーブ染めは、その性質から見本と同じ色を再現するのが難しいのですが、色が違っても決して失敗ではありません。毎回、実験をするように偶然から生まれる色や新しい発見を楽しんでください。

ハーブ染めとは

　ハーブ染めは草木染めの一種で、ハーブを煮出して色素を抽出した液を使って染色します。他の草木などに比べて、明るくやさしい染め上がりが特徴の染色方法です。とても繊細な染色なので同じハーブを使っても、採取時期、場所などの違いで染め上がりが異なります。また、ドライハーブを使うか、フレッシュハーブを使うかによっても色合いが異なるため注意が必要です。さらにハーブを煮出したときの状況（天候や温度、時間、水、染色する素材）によっても染め上がりが異なります。ハーブのような天然素材は、人工の素材と違って色素の成分が複雑なので、さまざまな条件の違いで同じ色合いを再現するのがとても難しくなってしまうのです。そのときどきに表れる色の変化を楽しむくらいの気持ちで行いましょう。本書で紹介する色見本は、あくまで目安にすぎません。世界にひとつしかない色を使ってオリジナルのコサージュを作りましょう。

　ハーブ染めのもうひとつの楽しみは香りです。ハーブといえばアロマテラピーを思い浮かべる方も多いでしょう。ハーブ染めでは、染色液を作るときに、煮出したハーブの香りが楽しめます。部屋いっぱいに広がる香りはアロマテラピー同様に気分を高めてくれます。

　本書では、ハーブティーとして販売されていて手に入りやすいドライハーブを使って家庭のキッチンでも手軽に楽しめる染色方法をご紹介します。できるだけ天然の素材を使用して体に対する安全面にも考慮しました。

道具

ハーブ染めに使う道具は、キッチンで使用している物で十分です。

鍋
ハーブを煮出すのに使用します。鉄製や鉄さびの付いた鍋を使うと変色の原因になるので、ステンレスやホーロー、ガラス、アルミ素材を使用しましょう。ハーブによっては色移りしてしまうものもありますので、薄い色やアルミ製のものを使うときには注意しましょう。

ボウル
下処理やすすぎ、染めや媒染など、さまざまな用途に使用します。ステンレスやホーロー、ガラス素材のものがおすすめです。鍋と同様に鉄や鉄さびは変色の原因となるので注意しましょう。

コップ
みょうばん水や重曹水を作るとき、残った液体を仮に保存しておくときなど、ボウル代わりに使えて何かと便利です。素材は鍋やボウルと同様に鉄や鉄さびに注意しましょう。

この他にも、菜箸（なければ割り箸でも可）やお茶パック（なければ茶こし）があるとさらに便利です。

計量カップ、スプーン、測り
水やハーブ、媒染素材などを量るために使用します。

豆乳
下処理に使います。1ℓ程度あれば十分です。

酢
酸性抽出などに使います。1ℓ程度あれば十分です。

重曹
アルカリ性抽出に使います。500g程度あれば十分です。

木酢酸鉄液
鉄媒染に使います。500g程度あれば十分です。染料店で販売していますが、手作りも可能です。

手作り木酢酸鉄液
…500mℓ分

さびた鉄くぎ500gと食酢500mℓ（または木酢酸液30mℓ）と水500mℓを入れて液が半分になるまで煮詰める。瓶などに入れ、7〜10日程度おいて完成。使用したさびた鉄くぎは何度でも再利用が可能です。

---

memo
本書で紹介している材料は基本的に天然のものです。染色に使った道具類は、きれいに洗えばまたキッチンで使用できます。ただし、アレルギーがある方など心配な場合は染色専用に使用しましょう。

ハーブ染めの手順

下処理
↓
ハーブの準備
↓
抽出

・酸性抽出
・アルカリ性抽出
・中性抽出
↓
染色
↓
媒染

※本書では中性抽出のみに行います。

・みょうばん媒染
・鉄媒染

↓
すすぎ洗い
↓
乾燥
(↓)

※染め上がりの色が薄い場合は、乾燥後に再度染色を繰り返して好みの色に調整する。

下処理

　綿や麻などの植物性繊維は、絹や毛糸のような動物性繊維に比べて染まりにくい性質があります。そこでタンパク質を付着させる下処理を行うと色素がきれいに染まりやすくなります。昔ながらの方法では大豆を漉して作る、豆汁（ごじる）が使われますが、豆乳や牛乳でも代用可能です。牛乳の場合は、匂いが残る可能性があるので注意しましょう。

> memo
> 下処理をしなくても染色は可能です。しかし、きちんと下処理をすると不純物による色ムラを防いだり、染まりにくい色がきれいに発色しやすくなる効果があります。

下処理の手順　今回は市販の豆乳を使った下処理の手順をご紹介します。

1　布に付着した汚れや糊を取り除くために、中性洗剤で洗って乾かす。

2　ボウルに布がしっかり浸る程度の常温の豆乳を入れる。

3　豆乳が布全体に染み渡るようにしっかり混ぜ、1時間ほど浸しておく。

4　3の布を軽く絞り、乾かす。

5　ボウルに入れた水で4の布を軽くすすぐ。

6　5の布を堅く絞って下処理の完成。

2　この程度豆乳を入れたら菜箸でしっかり浸す

5　水がうっすら濁る程度までになったらOK

抽出

　ハーブの色素を液体に抽出してできた染色液を抽出液といいます。抽出方法には、中性、酸性、アルカリ性の3種類があります。本書の中性抽出は、ハーブを水から煮出し、色素を抽出しました。一般的な方法ですが、熱に弱い色素を持つハーブには向きません。酸性抽出は、ハーブを食酢に浸して色素を抽出しました。また、アルカリ性抽出は、ハーブを重曹水に浸し色素を抽出しました。この2種類はどちらも加熱をしないので、熱に弱い色素も抽出できます。ただし、アルカリ性の抽出液は布を痛めやすいのでデリケートな素材を染める場合には注意が必要です。ほとんどのハーブは、同じハーブを使っても抽出方法によって異なる発色に染め上がります。

酸性、アルカリ性抽出の手順

ブルーマロウを使って酸性、アルカリ性の抽出液を作る手順をご紹介します。

ここでは10gの布に対し、5gのハーブ

ここではハーブの30倍の150mlの食酢

酸性抽出

1　乾燥ブルーマロウを量り、瓶に入れる。

2　1の瓶に食酢を注ぎ、そのまま一晩かけて抽出する。

| アルカリ性抽出 | アルカリ性抽出 |

2 重曹と水をよくかき混ぜて重曹水を作る。

ここでは重曹5gに150mlの水（ハーブの30倍）

3 1の瓶に2の重曹水を注ぎ、そのまま一晩かけて抽出する。

ハーブがしっかり抽出液に浸るように混ぜる

4 不純物の付いていないボウルとお茶パックを用意する。

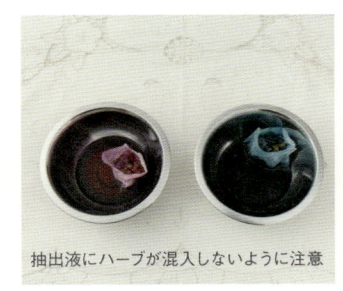

酸性、アルカリ性用をそれぞれ準備

5 瓶の中の抽出液をお茶パックで漉してボウルに移す。

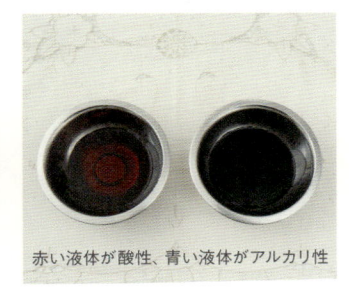

抽出液にハーブが混入しないように注意

6 お茶パックごとハーブをよく絞って抽出液の完成。

赤い液体が酸性、青い液体がアルカリ性

染色

酸性とアルカリ性の抽出液で布を染色します。

1 下処理した布をそれぞれの抽出液に浸します。

赤：酸性、青：アルカリ性

2 抽出液にしっかり浸して1〜2時間おく。

布全体に液が行き渡るようにする

🌿 中性抽出の手順

ブルーマロウを使って中性の抽出液を作る手順をご紹介します。
中性の抽出液は加熱しすぎると色素が抜ける可能性があるので注意しましょう。

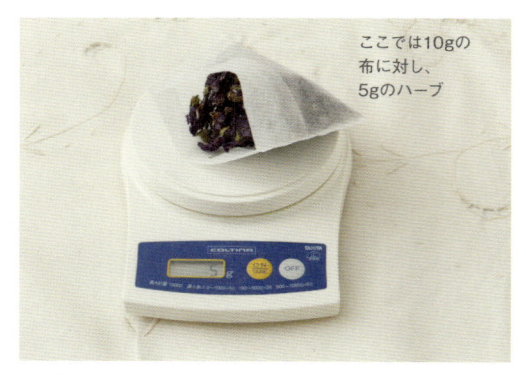

ここでは10gの
布に対し、
5gのハーブ

1　乾燥ブルーマロウを量り、お茶パックに入れる。

ここではハーブの
100倍の
500mlの水

2　鍋に水を注ぎ、1のお茶パックを入れて火にかける。

写真のような
深い紫が目安

3　いちど沸騰したら弱火で15分程度煮出す。

お茶パックを使うと
そのまま絞れて便利

4　お茶パックを取り出して軽く絞り、抽出液の完成。

🌿 染色

中性の抽出液で布を染色します。

下処理した布を抽出液に浸して常温になるまで放置する。布全体に液が行き渡るようにする

memo
中性、酸性、アルカリ性抽出とも、ハーブは30〜100倍程度の液体で抽出します。染め上がりを濃くしたい場合は、布がしっかり乾いてから、再度抽出液に浸す作業を繰り返します。色素の出具合や、染め上がりの退色の違いなど、さまざまなので何度かチャレンジして自分の気に入った配合を見つけてみましょう。

媒染

　媒染は、抽出液を使って染めた色素を素材にしっかり定着させるために行う作業です。酸性やアルカリ性の抽出を行った場合には、比較的染まりがよいものが多いので、本書では中性抽出した染色液に媒染を行います。

　媒染は、本来は色留めの役割なのですが、使用する媒染剤によっては、ハーブの色素と結び付き魔法のように異なる色合いを発色させる効果もあります。本書では、染料に浸してから処理する後媒染の方法で、キッチンで使っても安心なみょうばん媒染と鉄媒染を行います。みょうばん媒染の染め上がりは、ハーブの抽出液に近い明るい色合いが特徴。鉄媒染の染め上がりは渋く暗めのグレーがかった色合いが特徴です。

媒染の手順

ブルーマロウの中性抽出液で染めた布を使い、みょうばん、鉄媒染の手順をご紹介します。

1　媒染液を作る。
　①みょうばん媒染液の作り方
　焼きみょうばん2gに200mlのぬるま湯を注ぎよくかき混ぜる。
　（染める布の重さの20倍の液量が必要）
　②鉄媒染液の作り方
　木酢酸鉄液5ccに200mlの水を注ぎよくかき混ぜる。
　（染める布の重さの20倍の液量が必要）

2　中性抽出液で染色した布を箸で持ち上げ、軽く水分を切る。

3　それぞれの媒染液に入れて約20分浸す。

4　再び抽出液に戻して火にかけ、常温になるまで放置する。

5　軽く水洗いしてすすぐ。

　※プロセス4で抽出液を火にかけるとき、熱に弱い色素のハーブ（ブルーマロウなど）は50度。その他のハーブは沸騰させる。

しずくが落ちない程度でOK

入れてすぐの状態
↓

徐々に色が変化していく

色見本

ハーブ染めは、染める素材や抽出、媒染によって色合いががらりと変わります。
本書で作品に使用した12種類のハーブ染めの色見本を紹介します。
染めるときの目安にしてみてください。

素材：左から　粒レース、綿レース生地、綿麻シーチング（綿85％、麻15％）、麻シーチング、綿シーチング、綿ビロード

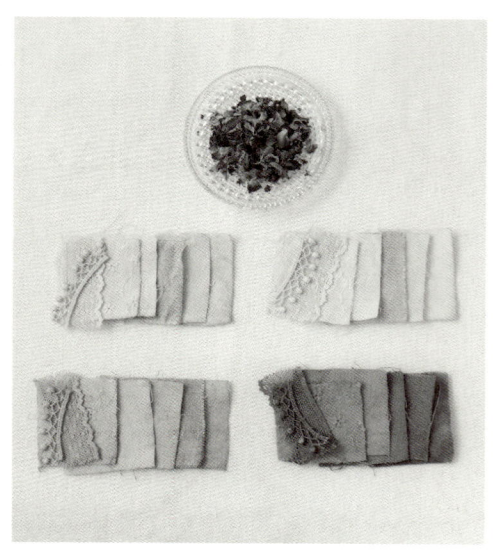

写真上：使用したハーブ
左上：酸性抽出
右上：アルカリ性抽出
左下：みょうばん媒染
右下：鉄媒染

染色の難易度	温度による色変化	退色による色変化
◎やさしい	◎しにくい	◎しにくい
○ややさしい	○ややする	○ややする
△難しい（注意必要）	△しやすい	△しやすい

ハイビスカス　(p6-7,11,32-33に使用)

酸性抽出はピンク系、アルカリ性抽出はベージュ系、みょうばん媒染はパープルよりのピンク系、鉄媒染はブルーよりのパープル系に染まります。染色◎、温度◎、退色△

マロウブルー　(p6-7,12-13,21,28-29,32-33に使用)

酸性抽出はパープル系、アルカリ性抽出は明るめのグリーン系、みょうばん媒染はパープルよりのベージュ系、鉄媒染はパープルよりのグレーに染まります。染色△、温度△、退色○

ローズヒップ　(p6-7,22-23,30-31に使用)

酸性抽出はベージュ系、アルカリ性抽出はレッド系、みょうばん媒染はオレンジ系、鉄媒染はグレーに染まります。染色○、温度○、退色○

ローズレッド　(p6-7,22-23,28-29,32-33に使用)

酸性抽出はピンク系、アルカリ性抽出はイエローよりのオレンジ系、みょうばん媒染はベージュよりのグリーン系、鉄媒染はグレーに染まります。染色○、温度◎、退色△

ローズマリー （p9,26-27,30-31に使用）
酸性抽出はベージュよりのアイボリー系、アルカリ性抽出はイエローよりの茶系、みょうばん媒染はイエローよりのベージュ系、鉄媒染はグレーに染まります。染色◎、温度◎、退色◎

ペパーミント （p11,30-31に使用）
酸性抽出はクリームよりのベージュ系、アルカリ性抽出は茶系、みょうばん媒染はイエロー系、鉄媒染はグリーンよりのグレー系に染まります。染色◎、温度◎、退色◎

ラベンダー （p11,18-19,21に使用）
酸性抽出はパープル系、アルカリ性抽出はベージュ系、みょうばん媒染はミントグリーン系、鉄媒染はグレー系に染まります。染色◎、温度◎、退色◎

セージ （p14,32-33に使用）
酸性抽出はアイボリーよりのベージュ系、アルカリ性抽出はイエロー系、みょうばん媒染はクリームよりのイエロー系、鉄媒染はカーキ系に染まります。染色◎、温度◎、退色◎

Camomille

カモミール　（p15,21,32-33に使用）
酸性抽出はベージュよりのクリーム系、アルカリ性抽出はイエロー系、みょうばん媒染はイエロー系、鉄媒染はカーキ系に染まります。
染色◎、温度◎、退色◎

Onion

オニオン　（p17,21,22-23に使用）
酸性抽出はオレンジよりのベージュ系、アルカリ性抽出はオレンジよりのピンク系、みょうばん媒染はイエロー系、鉄媒染はカーキ系に染まります。染色◎、温度◎、退色◎

Coffee

コーヒー　（p28-29に使用）
中性抽出はベージュ系、鉄媒染はグリーンよりのグレーに染まります。
染色◎、温度◎、退色◎

Tea

紅茶　（p30-31,32-33に使用）
中性抽出はオレンジよりのベージュ系、鉄媒染はグレーに染まります。
染色◎、温度◎、退色◎

糊うち

　染め上がった布は、軽くすすぎ洗いをした後、乾燥させて糊うちします。糊うちは、布端をほつれにくくしたり、花びらのくせづけをしやすくするために行います。変色の恐れがありますので、染めた布が完全に乾いてから行いましょう。

糊うちの手順

ボンドを用いた糊うちの手順をご紹介します。

1. ボンドを5倍程度の熱湯で溶かし、刷毛で混ぜながらボンド液を作る。

2. よく乾いた布に熱を冷ましたボンド液を刷毛でまんべんなく塗る。

3. 吊るして乾燥させる。糊が片寄らないように途中で天地を返す。

　※ボンドの酢酸の影響で多少の変色をする場合もあります。

バット、新聞紙、刷毛、ボンド、熱湯を準備

全体にまんべんなく塗る

How to make
作り方

　ハーブで染めた布たちがそろったら、お花や葉の形にカットします。染めがむらになってしまった部分でも、色の濃淡を生かして花びらを重ねると思わぬ美しさが生まれます。

　この本では、コテなどを使わず、指先だけが道具になります。糊うちして張りが出た布を、指先でくるんと巻いたり、つまんだりすることで花びらに表情をつけました。また、葉を手のひらでクシャっともむだけでもドライフラワーのような味わいある形になります。その小さなひと手間が、花々の表情を豊かにするポイントです。

　花の中心から花びらがゆっくりと静かに開いていくように…。

　そんなイメージを頭に描いて1枚1枚、ていねいにボンドで貼り重ねます。こうして作った花たちを束ねたり、繋いだり、結んだり、貼り付けたりしながらアクセサリーに仕立てていきます。

🌸 花一輪のピアス、リング、ヘアピン …… page6,7

材料

使用したハーブ：ハイビスカス、マロウブルー、ローズヒップ、ローズレッド

❀ バラ（1点分）
端切れ（綿麻、麻、綿シーチングなど）10×10cm
直径0.8cmパールビーズ1個
#28長さ17.5cmワイヤー 1本

❀ 金具（各1点分）
直径0.6cm丸皿ピアス（ゴールド）1組
直径0.8cm石座付リング台（金古美）1個
直径1cm丸皿ヘアピン（金古美）1個

❀ マーガレット（1点分）
端切れ（綿麻、麻、綿シーチングなど）5×10cm
幅0.8cm粒レース7cm、#28長さ17.5cmワイヤー 1本

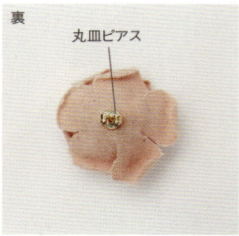

バラピアス
表 — ①花(大)2枚、②花(小)3枚
裏 — 丸皿ピアス

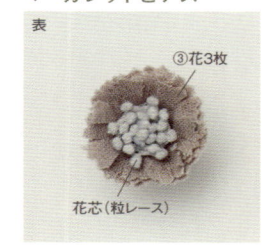

マーガレットピアス
表 — ③花3枚、花芯(粒レース)
裏 — 丸皿ピアス

バラヘアピン
表／裏 — 丸皿付ヘアピン

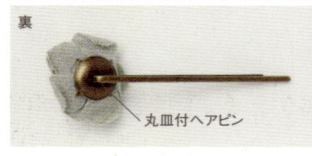

マーガレットヘアピン
表／裏 — 丸皿付ヘアピン

バラリング
裏 — 石座付リング台

マーガレットリング
裏 — 石座付リング台

🌸 金具の付け方

ヘアピン、リングの花はワイヤーを切ってから金具用の接着剤で貼り付ける。
ピアスは最後の花を貼る前に目打ちで穴をあけてピアスの金具を通し、貼り付けます。

本書で使用した作品の布、リボン、レース、ペップは、オカダヤ新宿本店 03-3352-5411（大代表）http://www.okadaya.co.jp/shinjuku/
金具パーツは、株式会社貴和製作所 03-3865-8521（代表）http://www.kiwaseisakujo.jp/で購入できます。

花びら色に染まるバラコサージュ …… page10

材料

使用したハーブ：ローズレッド（花は酸性抽出、その他はみょうばん媒染）

◆ 1点分
花用麻シーチング30×30cm
葉、ガク用麻シーチング15×20cm
茎用幅0.8cm綿シーチング（バイアス）100cm
#28ワイヤー長さ17.5cmワイヤー4本、手芸綿適宜
※茎用布は、継ぎ足して使うので長さが短い布も含めて計100cmあればよい。

◆ 金具（各1点分）
長さ2.8cmブローチピン（ゴールド） 1個

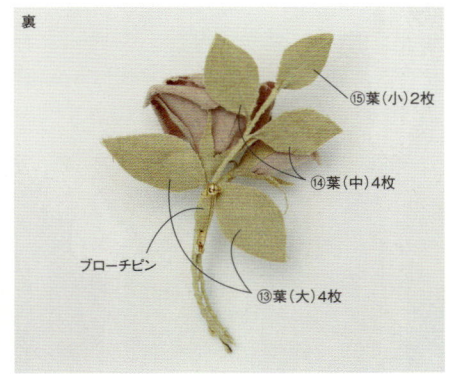

花の作り方 … 型紙：⑨花びら（大）5枚、⑩花びら（中）4枚、⑪花びら（小）10枚、⑫ガク2枚

1 手芸綿を軽く丸め、ワイヤーを包むように巻き付け、花芯を作る（左）。裁ち切りした花びらの先端を指でよってくせ付けする（右）。

2 花びら（小）の裏にボンドを塗り（左）、花芯をくるむようにして貼り付ける（右）。

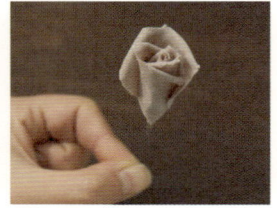

3 2の根元を指ですぼめて涙型にする（左）。2枚目の花びら（小）は1枚目と反対側から貼る（右）。

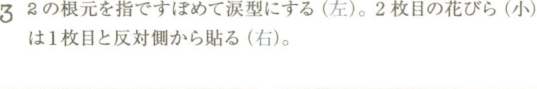

4 時計の12時、6時、3時、9時の方向に十字形に貼る位置を変えて花びら（小）を計5枚貼る（左）。同様に花びら（中）4枚、花びら（大）5枚を貼る（右）。

5 ボンドを塗った茎用布を花の付け根からららせん状に巻き付け（左）、余分をカットする（右）。

6 ガクにボンドを塗り（左）、花の付け根に巻き付けるように広げて貼る（右）。

7 ガクを指先でよって立体感を出し、表情をつける（左）。すべてのガクのバランスを整え、完成（右）。

8 つぼみは、花びら（小）5枚で同様にして作る。

葉の作り方 …⑬葉（大）4枚、⑭葉（中）4枚、⑮葉（小）2枚

1 葉の裏にまんべんなくボンドを塗る。

2 2枚の葉でワイヤーをはさみ付ける。

3 葉（中）と葉（大）も同様に貼る。

4 葉（中）と葉（大）のワイヤーを軽く2つ折りする。

5 ボンドを塗った茎用布を葉（小）にらせん状に巻き、葉（中）を重ねて巻き付ける。

6 さらに茎用布を巻き、葉（大）を重ねて巻き付け、余分をカットする。

7 葉を手で揉んでくせ付けし、表情を出す。

8 葉の完成。

まとめ方

花、葉、つぼみを束ねて茎用布を巻く（写真1、2）。さらにブローチピンを重ね（写真3）、巻きとめる（写真4）。

ふわり花びらを重ねたヘアゴム …… page11

材料

使用したハーブ：
ハイビスカス（ピンク系…花と花芯は酸性抽出、花芯の粒レースとゴム用レースはみょうばん媒染）
ペパーミント（イエロー系…花芯は酸性抽出、花芯の粒レースはアルカリ性抽出、花とゴム用レースはみょうばん媒染）
ラベンダー（グリーン系…みょうばん媒染）

❁ 1点分
花用レース生地20×20cm、花用ダブルガーゼ20×20cm
花芯用綿シーチング（花芯：幅2cm長さ12cm）5×15cm、花芯用幅1.4cm粒レース15cm
ゴム用幅5cmレースリボン5cm、ヘアゴム1本

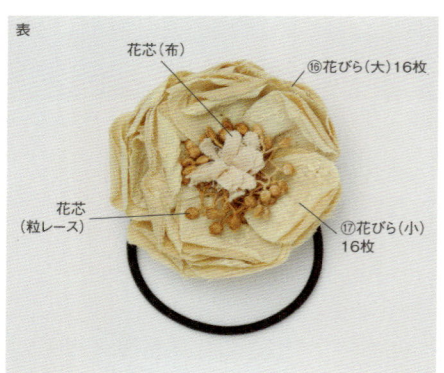

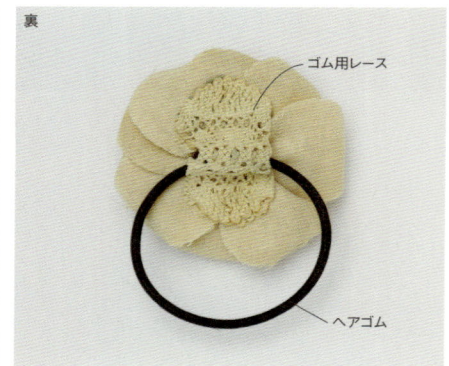

表　花芯（布）　⑯花びら（大）16枚
裏　ゴム用レース
花芯（粒レース）　⑰花びら（小）16枚
ヘアゴム

花の作り方 … 型紙：⑯花びら（大）16枚、⑰花びら（小）16枚

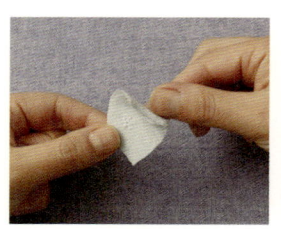

1 裁ち切りした花びらの先端を指でよってくせ付けする（左）。レースとガーゼの花びら（大）を2枚1組に重ねてぐし縫いし、8組縫い終えたら、引き絞る（右）。

2 糸を切らずに花びら（小）を2枚1組でぐし縫いし（左）、8組縫い終えたら中心でしっかりと縫いとめ、玉どめして余分な糸をカットする（右）。

3 花芯用布の上端をピンキングばさみでカットし、切り込みを入れ、端をぐし縫いして（左）、引き絞る。粒レースもぐし縫いし、軽く引き絞る（右）。

4 花芯用布に粒レースを巻いて縫いとめ、1の花の中心に重ねて縫い付ける（左）。花と縦に2つ折りしたゴム用レースでヘアゴムをはさみ付け完成（右）。

紫陽花と粒の花咲くタッセル …… *page13*

材料

使用したハーブ：マロウブルー（粒の花用粒レースと飾り用リボンは酸性抽出、花とペップはアルカリ性抽出、タッセルはみょうばん媒染、タッセル飾りひもとシルクテープは鉄媒染）

❀ 1点分

花用綿麻シーチング10×25cm、粒の花用 幅1.4cm粒レース（6cm×2本、13cm×1本にカット）25cm
飾り用幅1cmレースリボン50cm、タッセル用コットンスラブ15g
長さ5.5cm 1号ペップ（白）12本、幅0.6cmシルクテープ100cm
#28長さ17.5ワイヤー6本

表
㉑花12枚
ペップ
粒の花
飾りひも
飾りひもにリボンを通して固定する
飾り用リボン

大きな紫陽花のコサージュ …… page12

材料

使用したハーブ：マロウブルー（花とペップは酸性抽出、葉はアルカリ性抽出、飾り用リボンとシルクテープは鉄媒染）

◆ 1点分
花用麻シーチング30×30cm
葉用綿麻シーチング10×15cm
飾り用幅1.5cmレースリボン50cm
長さ5.5cm 1号ペップ（白）50本
幅0.6cmシルクテープ200cm
#28長さ17.5cmワイヤー 11本

◆ 金具（各1点分）
長さ2.8cmブローチピン（ゴールド） 1個

表
⑱花（大）30枚
⑲花（小）20枚
⑳葉2枚
ペップ
飾り用リボン

裏
ブローチピン

🌸 花の作り方 … コサージュ型紙：⑱花（大）30枚、⑲花（小）20枚 …タッセル型紙：㉑花12枚

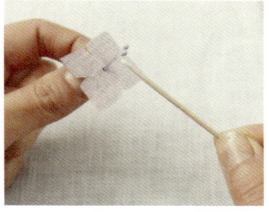

1 ペップを2つ折りにして花芯を作り、裁ち切りした花の中心に通す。ペップの根元にボンドを塗って貼る（左）。花の付け根を指で揉んでくせ付けする（右）。

2 花を束ねワイヤーで結び（左）、ねじって茎状にしてシルクテープを巻く（右）。コサージュは花（大）3と花（小）2点×10組、タッセルは花4点×3組を用意する。

🌸 タッセルの作り方

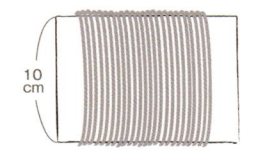

10cm幅の厚紙にタッセル用糸を巻く。

厚紙を外して中心を固く結び、わをカット。

🌸 コサージュの葉の作り方…型紙：⑳葉2枚

p.57と同様に葉を作る。手のひらで揉んでくせ付けし、表情を出す。

🌸 タッセルの粒の花の作り方

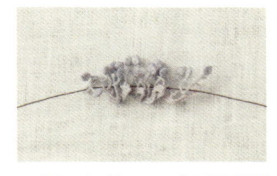

ワイヤーに粒レースをジグザグに通し（右）、2つ折りしてねじって茎状にし（左）、シルクテープを巻く。レース6cmの花×2本、13cmの花×1本を用意する。

🌸 コサージュのまとめ方

花束と葉をまとめ、シルクテープで巻きとめる（左）。余分な茎をカットして揃えるブローチピンを重ねて巻きとめ（右）、飾り用のリボンを結ぶ。

🌸 タッセルのまとめ方

花束と粒の花をシルクテープでとめ、茎の先端をくるりと巻いて飾り用のリボンを結ぶ。（左）。リボンにタッセルの飾りひも（糸50cmを三つ編み）を通して固定する（右）。

シフォンの花と小さなかすみ草のクリップ …… page14

材料

使用したハーブ:セージ（かすみ草は酸性抽出、花びら（大）と飾り用リボンとシルクテープはアルカリ性抽出、
花びら（小）はみょうばん媒染、葉とガクは鉄媒染）

◆ 1点分
花用綿シフォン20×25cm(花びら（大） 10×25cm
花びら（小） 10×25cm
葉、ガク用（ガク：幅1.5cm長さ5cm×3枚）麻シーチング10×10cm
かすみ草用幅0.6cmレースリボン（3.5cmずつカット）100cm
飾り用幅1cmレースリボン50cm、長さ5.5cmパールペップ（白）20本
幅0.6cmシルクテープ100cm、#28長さ17.5cmワイヤー 17本

◆ 金具（各1点分）
長さ9cmトップピン（茶） 1個

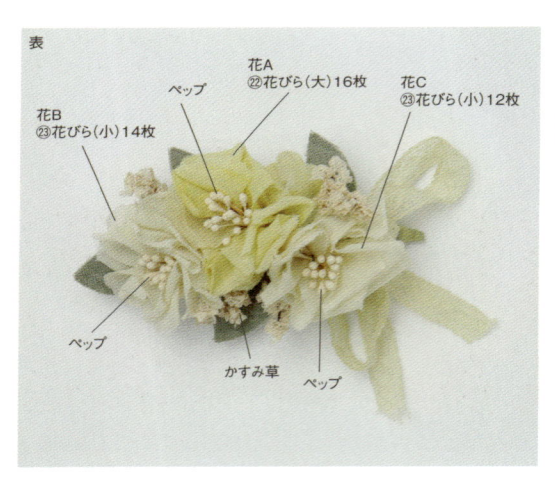

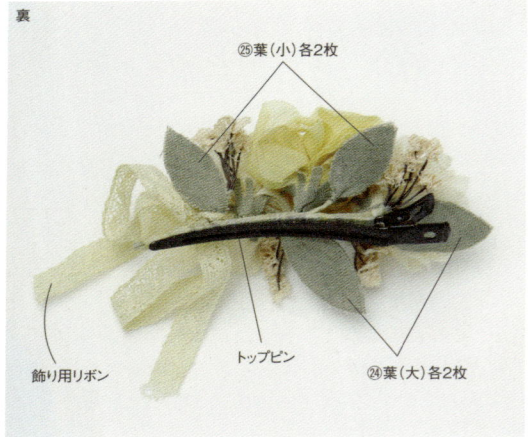

表
花B ㉓花びら（小）14枚
ペップ
花A ㉒花びら（大）16枚
花C ㉓花びら（小）12枚
ペップ
かすみ草
ペップ

裏
㉕葉（小）各2枚
飾り用リボン
トップピン
㉔葉（大）各2枚

🌸 花の作り方 … 型紙：㉒花びら（大）16枚、㉓花びら（小）26枚

1 ペップ8本（花B、Cは6本）を半分に折り（左）、ワイヤーで束ねて、ねじって、茎状にして花芯を作る（右）。

2 裁ち切りした花びらを指でよってくせ付けし、1枚ずつ16枚（花Bは14枚、花Cは12枚）をぐし縫いし、引き絞る（左）。花芯を重ねて、根元にボンドを塗る（右）。

3 花びらで花芯を包むように巻き付け（左）、中心でしっかり縫いとめ、玉どめして余分な糸をカットする（右）。

4 ガクの上端をピンキングばさみでカットして切り込みを入れてボンドを塗り（左）、花の付け根に巻き付けるように広げて貼る（右）。付け根から2cmシルクテープを巻く。

🌸 かすみ草の作り方

1 ワイヤーを半分にカットし（左）、レースをジグザグに通す（右）。

2 レースを中心に集め（左）、ワイヤーを2つ折りする。28個作り、7個1組でまとめ、付け根から2cmシルクテープを巻く。

🌸 葉の作り方
… 型紙：㉔葉（大）4枚、㉕葉（小）4枚

1 p.57と同様に（大）、（小）2枚ずつ葉を作る。

2 葉の付け根から2cmくらいまでシルクテープを巻く。

🌸 まとめ方

トップピンの上部に持ち手側からシルクテープでらせん状にパーツを巻き付ける。ワイヤーが隠れるようにピン先まで巻き、余分のワイヤーをカットする。

パーツの順序（パーツの大きさによって5〜7cm間隔で巻き付ける）
葉（大）① → かすみ草① → 花B → かすみ草② → 葉（小）① → 花A → 葉（大）② → かすみ草③ → 花C → 葉（小）② → 飾り用レースリボン → かすみ草④

野の花にカモミールを添えて …… page15

材料

使用したハーブ：カモミール（カモミール花は酸性抽出、野の花と凡天とペップはみょうばん媒染、葉とガクと茎用布と飾り用レースリボンは鉄媒染）

● 1点分
カモミール花用綿ビロード10×10cm
野の花用綿小花プリント15×15cm
葉、ガク用綿麻シーチング15×15cm
茎用綿シーチング15×15cm
飾り用幅1.5cmレースリボン50cm
直径1cm凡天5個、長さ5.5cmとんがりペップ（白）15本
#28長さ17.5cmワイヤー 15本

● 金具（各1点分）
長さ2.8cmブローチピン（ゴールド）1個

表
凡天
カモミール
㉖花各1枚
レースリボン

裏
㉗ガク各1枚
⑩葉各2枚
カモミール葉
ブローチピン

花UP
花C：㉙花びら（小）3枚
ペップ
花B：
㉘花びら（大）3枚
㉙花びら（小）3枚
花A：
㉘花びら（大）5枚
㉙花びら（小）3枚

🌼 カモミールの花の作り方 … 型紙：㉖花5枚、㉗ガク5枚

1 凡天に穴をあけてワイヤーに通し、2つ折りにして花芯を作る（左）。裁ち切りした花の中心に花芯を通し、重なった部分にボンドを塗って貼る（右）。

2 花びらを1枚ずつ指でよってくせ付けする（左）。花を手で包むようにくせ付けして立体感を出し、全体の形を整える（右）。

3 ピンキングばさみでカットしたガクを2に通し（左）、重なった部分にボンドを塗って貼る（右）。花の付け根から3cmくらいまで茎用布を巻く。

🌼 カモミールの葉の作り方 … 型紙：㉚葉6枚

1 ピンキングばさみでカットして切り込みを入れた葉の端にワイヤーを通して2つ折りし、ボンドを塗り、らせん状に巻く（左）。切り込みを起こし（右）、2本ずつ束ねて葉の付け根から2cmまで茎用布を巻く。

🌼 野の花の作り方 … ㉘花びら（大）8枚、㉙花びら（小）9枚

1 ペップ5本を半分に折り、ワイヤーで束ね、ねじって茎状にして花芯を作る。花びらの付け根にボンドを塗り（左）、花芯に貼り付けていく（右）。

2 花びらを時計の12時、6時、3時、9時の方向に十字形に貼る位置を変えて貼る。

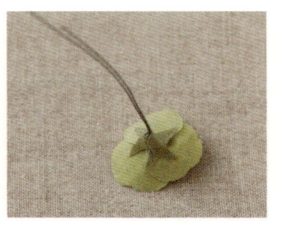

3 ガクにボンドを塗り（左）、花の付け根に巻くように広げて貼る（右）。p.57と同様に野の花の葉を作る。茎用布をそれぞれの付け根から3cmくらい巻く。葉3本を1組にまとめる。

🌼 まとめ方

1 カモミールの花5本を段違いに束ね、同じく段違いに束ねたカモミールの葉2組と一緒に茎用布で巻く。

2 野の花3本を段違いに束ね、葉と一緒に茎用布で巻く。

3 1と2を束ねて茎用布を巻き、中央部分でブローチピンを重ねて巻きとめる。飾り用のリボンを結ぶ。

※茎用布の巻き方はp.56を参照。

花束を飾るヘアゴム …… page17

材料

使用したハーブ：オニオン（花は中性抽出（無媒染）、実と凡天はみょうばん媒染、葉とガクと葉モチーフレースとシルクテープは鉄媒染、飾り用リボンと土台用のレースはアルカリ性抽出）

◆ 1点分

花用綿シフォン20×15cm、実用綿水玉プリント5×20cm
葉、ガク用綿小花プリント15×15cm、飾り用幅1cmレースリボン40cm
土台用幅5cmレースリボン10cm、葉モチーフレース（5cmずつカット）10cm
幅0.6cmシルクテープ100cm、直径1cm凡天1個、直径0.8cmパールビーズ5個
長さ5.5cmとんがりペップ（ベージュ）12本、ヘアゴム1本
#28長さ17.5cmワイヤー7本

花の作り方 … 型紙:㉛花8枚、㉜ガク1枚

1 ペップ12本を半分に折り、ワイヤーで束ね、2つ折りし、ねじって茎状にして花芯を作る(右)。ペップを広げ、凡天をボンドで貼り付ける。付け根を5mmにカットする(左)。

2 裁ち切りした花の中心にハサミで十字形の切り込みを入れ(左)、重なった部分にボンドを塗って貼る(右)。同様に8枚の花を重ねて貼る。

3 花を指でつまんでクシャッとくせ付けする(左)。ガクにボンドを塗り、花の付け根に巻き付けるように広げて貼る(右)。花の付け根からシルクテープを巻く。

実の作り方 … 型紙:㉝実5枚、㉞実ガク5枚

1 ワイヤーにパールを通して2つ折りし、裁ち切りした実用布の周囲にボンドを塗る(左)。芯のパールに実用布を巻き付ける(右)。

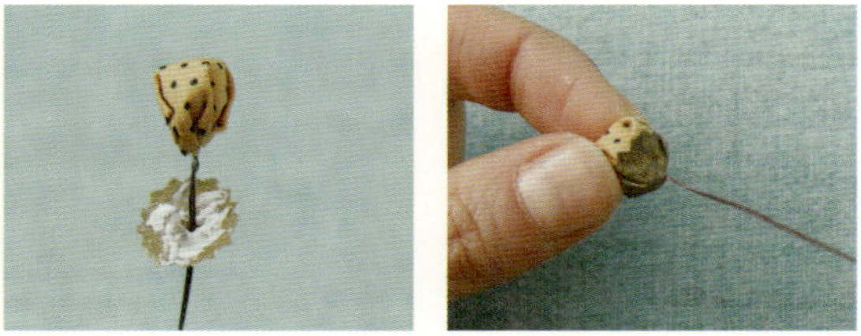

2 ピンキングばさみでカットしたガクを1に通し、重なった部分にボンドを塗る(左)。実に沿うように貼り、なじませる(右)。付け根から3cmくらいまでシルクテープを巻く。

まとめ方 … 型紙:㉟葉4枚

1 p.57の葉の作り方と同様に葉を作る。ボンドを塗った葉モチーフレースを貼り付け、付け根から3cmシルクテープを巻く。

2 実3×葉1、実2×葉1をそれぞれシルクテープで巻きとめる。

3 土台のリボンにボンドを塗り、ヘアゴムをはさみ、2つ折りして、飾り用のリボンを縫い付ける。

4 2と花をまとめ、茎先から5cmの位置でシルクテープで巻きとめる。

5 4の茎先を丸め、3の飾り用リボンで結び付ける。

小さなブーケの耳飾りとペンダント …… page18,19

材料

使用したハーブ：ラベンダー（マーガレットと花Bは酸性抽出、マーガレットの花芯はアルカリ性抽出、
花Aと実モチーフレースはみょうばん媒染、葉と葉モチーフレースは鉄媒染）

❋ 耳飾り1点分（両耳）
マーガレット花用綿シーチング10×15cm
花A用綿小花プリント10×10cm
葉用綿ビロード10×10cm
葉モチーフレース（5cmずつカット）10cm
幅2cm実モチーフレース（5cmずつカット）10cm
花B用幅1.4cm粒レース（10cmずつカット）20cm
マーガレット用幅0.8cm粒レース（7cmずつカット）14cm
飾り用長さ5.5cm特大パールペップ（白）6本
花A用長さ5.5cm大パールペップ（白）2本
花B用長さ5.5cm極小パールペップ（白）14本
#28長さ17.5cmワイヤー6本

❋ 金具
直径0.6cm丸皿ピアス（ゴールド）1組

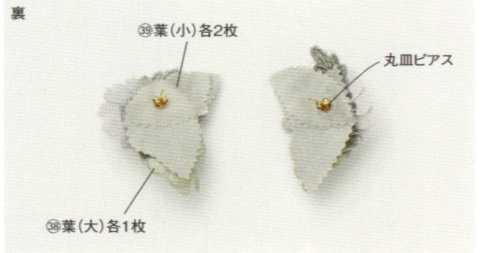

❋ ペンダント1点分
マーガレット花用綿シーチング10×15cm
花A用綿小花プリント10×10cm
葉用綿ビロード10×10cm、葉モチーフレース5cm
幅2cm実モチーフレース5cm
花B用幅1.4cm粒レース20cm、
マーガレット用幅0.8cm粒レース7cm
幅0.6cmベルベットリボン110cm
飾り用長さ5.5cm特大パールペップ（白）5本
花A用長さ5.5cm大パールペップ（白）2本
花B用長さ5.5cm極小パールペップ（白）7本
#28長さ17.5cmワイヤー3本

❋ 金具
直径0.8cm丸カン（金古美）2個

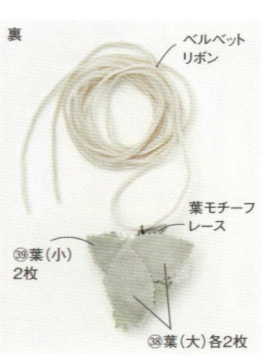

花Aの作り方 … 型紙:㊲花12枚

1. 裁ち切りした花の中心に目打ちで穴をあけ、指でつまんでくせ付けする（左）。ペップ1本を半分に折って花に通し、ペップの根元にボンドを塗って貼る（右）。

2. 2枚目の花も同様にして通し、重なった部分にボンドを塗って貼る（左）。3枚目も同様に貼り重ねる（右）。花の付け根でペップをカットする。

花Bの作り方

1. ペップ5本を半分に折ってワイヤーで束ね、2つ折りし、ねじって茎状にして花芯を作る（左）。ボンドを塗った粒レースを巻き付けて花を作る（右）。

2. 1の花の付け根でペップとワイヤーをカットする。（左）。分解しないように1～2mm程度残す（右）。

1～2ミリ

まとめ方 … 型紙:㊳葉（大）6枚、㊴葉（小）6枚、㊱（耳飾り）花6枚、㊵（ペンダント）花3枚

1. 葉をピンキングばさみでカットし、貼り合わせる。

2. 半分に折った飾り用パールペップをワイヤーでまとめ、余分なワイヤーを切って葉モチーフレース、実モチーフレースと1の上に貼り付ける。

3. p.53の作り方と同様にマーガレットを作り、花の付け根でワイヤーをカットする。

4. マーガレットと花A、花Bを2の上に貼り付ける。

2 飾りの配置

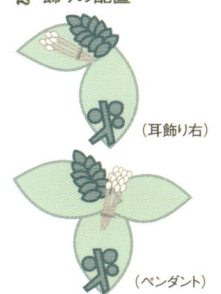

（耳飾り右）

（ペンダント）

5. 耳飾り
3を裏返し、葉（小）の裏にピアス金具を重ね、もう1枚の葉（小）ではさみ付ける。

5. ペンダント飾り
3を裏返し、それぞれの葉の裏に、もう1枚の葉を重ねて貼り付ける。葉モチーフレースに丸カンをつけてリボンを通す。

パンジーのブーケリボンコサージュ …… page20

材料

使用したハーブ：ハイビスカス（シフォンリボンと飾り用レースは酸性抽出、レースの小花用レースはアルカリ性抽出　シルクテープと粒の花用粒レースと刺しゅう糸はみょうばん媒染、パンジーの花と花びらとペップは鉄媒染）

❋ 1点分
パンジーの花、花びら用綿ビロード15×20cm
幅5cmシフォンリボン（各40cm、35cm、25cmにカット）100cm
飾り用幅3cmレースリボン50cm、レースの小花用幅1.2cmレース40cm
粒の花用幅1.4cm粒レース（各16cmにカット）50cm
幅0.6cmシルクテープ100cm、パンジー用長さ5.5cm1号パールペップ（白）2本
レースの小花用長さ5.5cm特大パールペップ（白）12本
#28長さ17.5cmワイヤー 8本、25番刺しゅう糸適宜

❋ 金具（各1点分）
長さ2.8cmブローチピン（ゴールド）1個

表
�43花びら（小）1枚
�44花（小）1枚
�46ガク（小）各1枚
ペップ
ストレート・Sで刺しゅう
粒の花
�45ガク（大）各1枚
�41花びら（大）1枚
�42花（大）各1枚
レースの小花
飾り用レース

裏
シフォンリボン
ブローチピン

パンジーの作り方 … 型紙:�41花びら（大）2枚、�42花（大）2枚、�43花びら（小）1枚、�44花（小）1枚、�45ガク（大）2枚、�46ガク（小）1枚

1 裁ち切りした花に刺しゅうを施し、花と花びらを反り返しくせ付けする（左）。花びらを重ねて半分に折り、縫いとめる。花を開き、半分に切ったペップを通す（右）。

2 2つ折りしたワイヤーをペップに巻き付ける。ねじって茎状にし、花の付け根から3cmシルクテープを巻く（左）。花をつまむように立体的にガクを貼る（右）。

❁ 粒の花の作り方

粒レースの端にワイヤーを通して2つ折りし(左)、ボンドを塗った粒レースをらせん状に巻き付ける

❁ レースの小花の作り方

レース10本分になるようにランダムにカットしてボンドを塗り、ペップの両端に巻き付け(左)、半分に折る(右)。

❁ まとめ方

1　小花にワイヤーを通して2つ折りする(写真1)。シルクテープを巻き、小花を重ねていく(写真2、3)。小花6×2組作り(写真4)、それらを重ねて巻く(写真5)。

2　粒の花3本をまとめて巻く(写真1)。3つの花を重ねたパンジーとともに巻きとめ(写真2)、1のレースの小花を下方向にまとめてさらに巻き(写真3)、余分な茎をカットする(写真4)。

❁ 土台のまとめ方

1　シフォンリボン40cmと35cm、飾り用レースを2つ折りし、ややずらして重ね、横にぐし縫い(写真1)。その上にシフォンリボン25cmを折って重ね(写真2)、中心を縦にぐし縫いして引き絞る(写真3)。

2　1の上にコサージュを重ねる。2つ目のパンジーの付け根あたりで裏からひと針すくって縫い付ける(写真4)。裏側にブローチピンを重ね、両脇を縫いとめて完成(写真5)。

花畑のバレッタ …… page21

材料

使用したハーブ：ブルーマロウ（マーガレットの花は酸性抽出、バラはアルカリ性抽出）、オニオン（花Cとマーガレット花芯用粒レースはアルカリ性抽出、葉は鉄媒染）、カモミール（花Bはみょうばん媒染）、ラベンダー（花Aと土台用レースは酸性抽出）

❋ 1点分

バラ、マーガレット、葉用綿麻シーチング各10×10cm
花A、C用綿シーチング各10×10cm、花B用綿小花プリント10×10cm
土台用幅3cm麻レースリボン50cm、接着用幅2cmレースリボン7cm
花芯用幅0.8cm粒レース7cm、飾り用長さ5.5cm特大パールペップ（白）10本
花A用長さ5.5cmとんがりペップ（ベージュ）10本
花B用長さ5.5cm 1号ペップ（白）2本
#28長さ17.5cmワイヤー5本

❋ 金具（各1点分）
長さ8cm安口バレッタ（ゴールド）1個

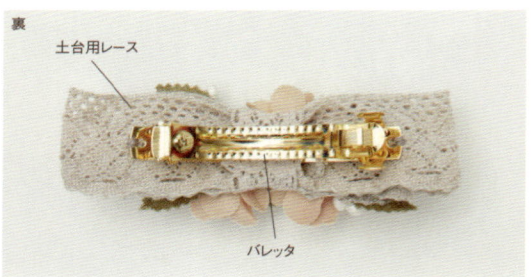

表
とんがりペップ
ペップ
バラ㊽花(小)3枚
㊼花(大)2枚
飾り用パールペップ
花B㊾花各3枚　花A㊿花2枚　花C㊾花各2枚　マーガレット㊾花2枚
㊿花2枚
㊾葉各1枚

裏
土台用レース
バレッタ

作り方 … 型紙：㊼花(大)2枚、㊽花(小)3枚
㊾花2枚、㊿花びら(大)2枚、㊿花びら(小)2枚
㊾花6枚、㊾花6枚

1　バラとマーガレットは、p.53の作り方と同様にして作る。
2　花Aは、p.76の花の作り方と同様にして作る。
3　花Bは、p.69の花Aの作り方と同様にして作る。
4　飾り用パールペップを5本ずつ半分に折って2組にし、ワイヤーでまとめる。
　　※それぞれのワイヤーを花の付け根でカット。

まとめ方 … 型紙：㊾葉4枚

1　土台用レースは、上段20cm、下段30cmを折り重ね、中心部分を接着用レースでバレッタに巻き留める。
2　ピンキングばさみでカットした葉を土台用レースの四隅に貼り付ける。
3　花C以外の花をそれぞれ貼り付ける。
4　飾り用パールペップを貼り付け、できた隙間に花Cを貼る。
5　土台用レースの裏側にバレッタを重ね、両脇を縫いとめて完成。

花と果実を結ぶリボンの首飾り …… page22,23

材料

使用したハーブ：ローズヒップ（花芯の実モチーフレースと粒レースは酸性抽出、花Aと花Cとベルベットリボンはアルカリ性抽出、花Bはみょうばん媒染、葉は鉄媒染）

♣ 1点分

花A用綿麻シーチング20×20cm、花B用ダブルガーゼ15×25cm
花C用コットンシフォン15×25cm、葉用レース生地10×20cm
花B、C花芯用幅2cm実モチーフレース（2.5cmずつカット）20cm
花A用花芯幅0.8cm粒レース（7cmずつカット）30cm、幅1cmベルベットリボン165cm

作り方 … 型紙：�55花16枚、�56花20枚、�57花（大）20枚、�58花（小）20枚、㉕葉16枚

1. 粒レースをぐし縫いして引き絞り、花芯を作る。
裁ち切りして4枚重ねにした花Aの中心に花芯を重ね、リボンと一緒に縫い付ける。

2. 裁ち切りして5枚重ねにした花Bの中心に、実モチーフレースを重ね、リボンと一緒に縫い付ける。

3. 裁ち切りして（大）、（小）各5枚重ねにした花Cの中心に、実モチーフレースを重ね、リボンと一緒に縫い付ける。

4. すべての花を指でつまんでクシャッとくせ付けし、立体感を出す。

5. 花A、B、Cとも4点ずつ縫い付け、花A、Bの裏側に2枚重ねにした葉を8枚縫い付ける。

レースの揺れるヘアコーム …… page24,25

材料

使用したハーブ：ローズレッド（カーネーションと花Aは酸性抽出、アクセサリーレースはアルカリ性抽出、花Bとシルクテープはみょうばん媒染）

◆ 1点分
カーネーションの花、花Aガク用（ガク：幅5cm長さ5cm）
綿レース生地15×20cm
花A用綿シフォン10×20cm
花B用綿ビロード10×10cm、アクセサリーレース（白）2種7cm、10cm
幅0.6cmシルクテープ200cm
花A用長さ5.5cmパールペップ（白）8本
花B用長さ5.5cm極小パールペップ（白）25本
#28長さ17.5cmワイヤー7本

◆ 金具（1点分）
15山（3.5cm×5.5cm）ヘアコーム（金古美）1個

カーネーションの作り方 … 型紙：�59 花10枚

1 ピンキングばさみでカットした花の中心に目打ちで穴をあけ（左）、花びらに切り込みを入れる（右）。

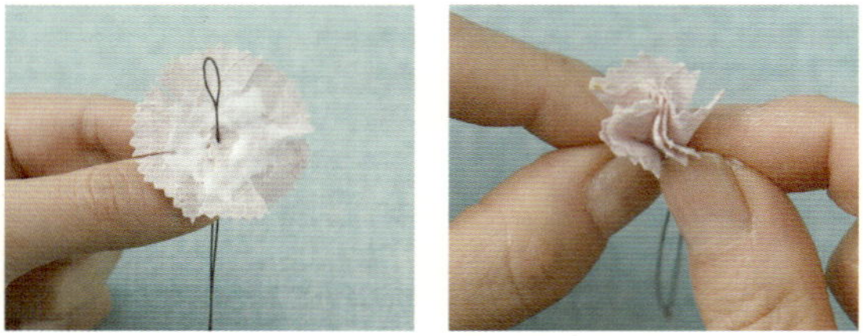

2 2つ折りしたワイヤーを花に通し、花びら側を少し残してボンドを塗る（左）。指先でつぶすようにまとめて貼付ける（右）。

3 2枚目の花びらを重ね、1の付け根にボンドを塗って貼る（左）、同様にくせ付けする。10枚をすべて貼り重ねたら花全体を包むようにくせ付けする（右）。

花Aの作り方 … 型紙：�60 花8枚、�62 ガク1枚

1 花Bと同様に花芯を作り、花Aと同様に花を重ねて貼付ける。裏側のペップを隠すようにガクを貼る。花を指でつまんでクシャっとくせ付けし、立体感を出す。

花Bの作り方 … 型紙：㊾花5枚

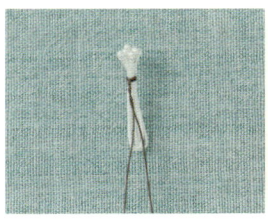

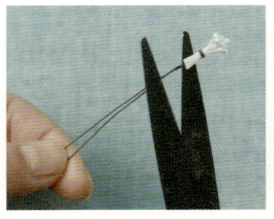

1 2つ折りしたワイヤーをペップに巻き付け、茎状にして花芯を作る（左）。余分なペップをカットする（右）。

2 裁ち切りした花の中心に目打ちで穴をあけ（左）、花芯を通し、重なった部分にボンドを塗って貼る（右）。

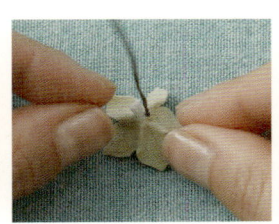

3 花を裏返し、指先で花びらをつまんでくせ付けする（左）。立体感が出るように全体の形を整え、完成（右）。

シルクテープの巻き方

花の付け根から1.5cmほどシルクテープを巻く。ワイヤーを5cmにカットする。

コームのまとめ方

1 カーネーションと花A各1点、花B×2と花B×3を2組を用意。アクセサリーテープはカットしておく。

2 花先0.5cmを残し、コームに花を重ねる。コームの山をまたぐようにシルクテープで花を巻き付けていく。

3 4目ずつ間隔をあけて4点の花を巻き付ける。

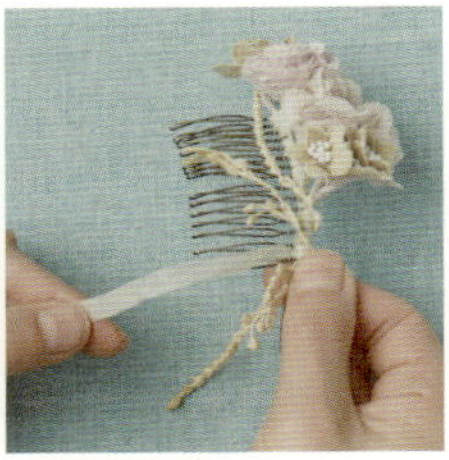

4 最後の1目にアクセサリーテープ2本をまとめ、巻き付ける。

5 コームからはみ出た余分なワイヤーをカットする（左）。すべてを巻き終えた状態（右）。

6 花の向きをバランスよく整えて完成（左）。裏側の様子（右）。

花々をつなぐキルトピン …… page26, 27

材料

使用したハーブ：オニオン（花Aはアルカリ性抽出、
アクセサリーレースとシルクテープは鉄媒染）
ローズマリー（花Bはみょうばん媒染、飾り用リボンは鉄媒染）

● 1点分

花A用綿麻シーチング20×20cm
花B、ガク用綿シーチング15×15cm
飾り用幅1.5cmレースリボン40cm、
アクセサリーレース（白）（4cm×1、5cm×2本ずつカット）15cm
幅0.6cmシルクテープ200cm、
花A、B用長さ5.5cm 1号ペップ（白）23本
#28長さ17.5cmワイヤー5本
※ペップ類はポスターカラーなどで着色する。

● 金具（1点分）

長さ6cmキルトピン（金古美）1個

表
赤い花A ㊥（大）各3枚
㊦（小）各3枚
ベージュの花B
㊤花各3枚
ペップ
アクセサリーレース
飾り用リボン

裏
キルトピン

花の作り方 … 型紙：㊥花（大）6枚、㊦花（小）6枚、㊤花びら9枚、㊶ガク5枚

1 裁ち切りした花びらの先端を指でよってくせ付けする（左）。ペップ7本（花Bは3本）を半分に折り、ワイヤーで束ねて2つ折りし、茎状にして花芯を作る（右）。

2 花の中心に目打ちで穴をあけ、花芯を通し、重なった部分にボンドを塗る（左）。両手で押し上げるように貼り付け、全体に丸みを持たせる（右）。

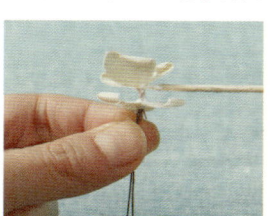

3 花（小）の2、3枚目と花（大）3枚を同様にして重なった部分にボンドを塗って貼り付ける。ピンキングばさみでカットしたガクを花の付け根に貼る。

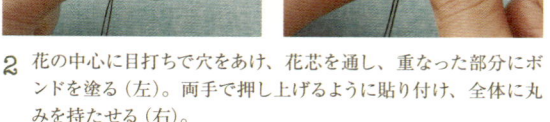

まとめ方

花の付け根から1.5cmほどシルクテープを巻き、アクセサリーレースをカットしておく。キルトピンに左側からパーツをシルクテープでらせん状に巻き付ける。ワイヤーが隠れるように巻き付け、余分ワイヤーにもさらに巻いて茎にする。茎の先端をくるりと巻いて飾り用リボンを結ぶ。

パーツの順序（5mm間隔で巻き付ける）

花B①→アクセサリーレース4cm→花A①→アクセサリーレース5cm→花B②→アクセサリーレース5cm→花A②→花B③

欲張りな花摘み娘のコサージュ …… page28, 29

材料

使用したハーブ：
マロウブルー（シフォンの花とレースの小花Aは酸性抽出、小花はアルカリ性抽出）
ローズレッド（野の花は酸性抽出、小花とレースの小花Bはアルカリ性）
コーヒー（粒の花と葉とガクとシルクテープは鉄媒染、飾り用リボンは中性抽出のみ）

❀ 1点分
シフォンの花用綿シフォン20×20cm、野の花用ダブルガーゼ15×15cm
小花、葉用ビロード10×30cm、ガク用綿シーチング10×10cm
粒レースの花用幅1.4cm粒レース（10cmずつカット）50cm
レースの小花A、B用幅1.2cmレース（Aは30cm、Bは20cmにカット）50cm、
幅1.5cm飾り用レースリボン50cm
幅0.6cmシルクテープ300cm、シフォンの花用長さ5.5cmペップ（白）14本
野の花用長さ5.5cmとんがりペップ（白）30本
小花用 長さ5.5cm 極小パールペップ（白）63本
レースの小花用長さ5.5cm 特大 パールペップ（白）5本、
#28長さ17.5cmワイヤー 30本 ※ペップ類はポスターカラーなどで着色する。

❀ 金具（1点分）　長さ3.5cmブローチピン（ゴールド）1個

作り方 … 型紙：㉔花びら（大）12枚、㉕花びら（小）15枚、㉘花びら（大）8枚、
㉙花びら（小）9枚、�61花9枚、⑬葉（大）6枚、⑮葉（小）4枚

1. p.63の花の作り方と同様に型紙：㉔、㉕でシフォンの花を作る。
   シフォンの花①：花びら（小）5枚、ペップ6本、シフォンの花②：花びら（小）10枚、
   ペップ6本、シフォンの花③：花びら（大）12枚、ペップ8本

2. p.65の野の花の作り方と同様に型紙㉘、㉙で野の花を作る。茎用布の代わりにシルクテープを巻く。
   野の花①④：花びら（大）3枚、花びら（小）3枚、ペップ6本、野の花②③：花びら（小）3枚、ペップ6本、野の花⑤：花びら（大）5枚、花びら（小）3枚、ペップ6本

3. p.75の花Bの作り方と同様に型紙61で小花を作る。花1枚、ペップ7本の花を9本作り、3本で1組にまとめてシルクテープを巻く。

4. p.61の粒の花の作り方と同様に粒の花を作る。レース10cmの花を5本作り、それぞれをまとめてシルクテープを巻く。粒の花①、③：花2本で1組、②：花1本。

5. p.71のレースの小花の作り方と同様にレースの小花A、Bを作る。Aは30cmを6本、Bは20cmを4本分になるようにランダムにカットする。それぞれをまとめてシルクテープで巻く。レースの小花A①：花2本で1組、②とレースの小花B：花4本で1組。

6. p.57の作り方と同様に型紙⑬、⑮で葉（大）を3点、葉（小）を2点作り、茎用布の代わりにシルクテープを巻く。

まとめ方

段違いにパーツを束ね、シルクテープを巻き付ける。ブローチピンを重ねて巻きとめ、飾り用リボンを結ぶ。

パーツの順序

粒の花①→葉（小）①→小花①→野の花①→野の花②→レースの小花A①→レースの小花B→小花②→葉（大）①→粒の花②→レースの小花A②→葉（小）②→シフォンの花①→シフォンの花②→シフォンの花③→葉（大）②→野の花③→野の花④→野の花⑤→粒の花③→葉（大）③→小花③

特別な装いのヘッドドレス …… page30,31

材料

使用したハーブ：ローズマリー（葉とシルクテープはアルカリ性抽出、パンジーと刺しゅう糸はみょうばん媒染）
紅茶（花A、Bは中性抽出（無媒染））、ローズヒップ（花Cはアルカリ性抽出）
ペパーミント（飾り用リボンは酸性抽出、粒の花はアルカリ性抽出、チュールレースはみょうばん媒染）

● 1点分

花A、B用レース生地、ダブルガーゼ各15×15cm
花A、B花芯用綿シーチング（白）（花芯：幅2cm長さ10cm×2）10×10cm
花C、ガク用綿シーチング（生成）20×15cm、パンジー用綿ビロード15×20cm
葉用麻シーチング10×10cm、土台用水玉チュールレース98×20cm
花A、B花芯用幅0.8cm粒レース10cm、粒の花用幅1.5cm粒レース40cm
飾り用2.5cmレースリボン50cm、幅0.6cmシルクテープ300cm
パンジー、花C用長さ5.5cmペップ（白）27本
#28ワイヤー（17.5cmずつカット）350cm 19本、25番刺しゅう糸適宜

● 金具（1点分）

15山（3.5cm×5.5cm）ヘアコーム（ゴールド） 1個

作り方 … 型紙：⑥花（大）9枚、⑥花（小）4枚、㊶花びら（大）2枚、㊷花（大）2枚、㊸花びら（小）1枚、㊹花（小）1枚、㊺ガク（大）2枚、㊻ガク（小）1枚、�65花びら15枚、㊷ガク5枚、⑭葉（大）4枚、⑮葉（小）4枚

1. p.58の花の作り方を参考に花芯にワイヤーをつけ、花びら（大）6枚、花びら（小）4枚で花Aを作る。
2. p.58の花の作り方を参考に花芯にワイヤーをつけ、花びら（大）3枚と布の花芯のみで花Bを作る。
3. p.71のパンジーの作り方と同様にパンジーを作る。①は（小）で②、③は（大）で作る。
4. p.76の花の作り方と同様に花Cを5本作り、①3本②2本をそれぞれまとめてシルクテープで巻く。
5. p.71の粒の花の作り方と同様に粒の花を5本作り、①3本と②2本をそれぞれまとめてシルクテープで巻く。
6. p.57の作り方と同様に葉（大）、（小）2本ずつ作り、シルクテープを巻く。葉（小）2本は、それぞれ花A、Bと一緒にまとめる。

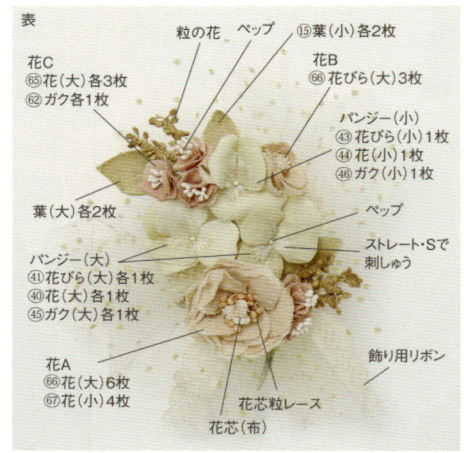

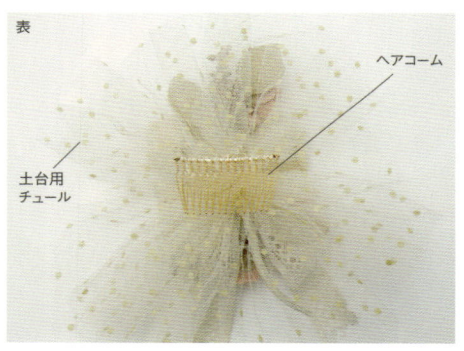

まとめ方

段違いにパーツを束ね、シルクテープを巻く。土台のチュールは中央をぐし縫いして引き絞り、ギャザーを寄せて飾り用リボンを縫い付ける。花束重ね、中央部分で結んで固定する。裏側にコームを縫い付ける。

パーツの順序

葉（大）→粒の花①→花C①→パンジー①→花B①+葉（小）→パンジー②→パンジー③→花A+葉（小）→葉（大）→粒の花②→花C②

記憶と今を彩る花冠 …… page32,33

材料

使用したハーブ：カモミール（花Aは酸性、花H花芯用粒レースと実はみょうばん媒染）、ローズレッド（花Bは酸性抽出）、ハイビスカス（花C〜Eと花Gはみょうばん媒染）、マロウブルー（花Fは酸性抽出）、セージ（葉とガクとシルクテープは鉄媒染）紅茶（飾り用リボンは中性抽出）

✿ 1点分

綿シーチング（生成）：花A、B用25×25cm
花F、G用30×15cm、実用20×20cm
綿麻シーチング：花C〜E用20×20cm
花H用25×25cm
葉、ガク用20×20cm
花H花芯用幅0.8cm粒レース70cm
飾り用幅2.5cmレースリボン100cm
幅0.6cmシルクテープ400cm
直径0.8cmパールビーズ
（花A、B用10個、実用18個）28個
花C〜E用直径1cmパールビーズ3個
#28ワイヤー（17.5cmずつカット）48本

作り方 … 型紙：①花（大）20枚（A、B各10枚）、②花（小）30枚（A、B各15枚）、㊌ガク10枚、㊰花8枚、㊱花2枚、㉛花8枚、㊲ガク1枚、㉝ガク2枚、⑱花（大）12枚（F、G各6枚）、⑲花（小）8枚、③花30枚、㉝18枚、㉞ガク18枚、⑧葉（大）10枚、⑮葉（小）20枚

1. p.53のバラの作り方参考に花芯（C〜Eはパールビーズ入り）にワイヤーをつけ花A〜Eを作り、裏側にガクを貼る。
2. p.53のマーガレットの作り方と参考に花芯にワイヤーを付け花Hを作り、裏側にガクを貼る。
3. p.60の紫陽花の作り方と同様に花FとGを（大）3×（小）2点1組で4組作る。
4. p.67の実の作り方と同様に実を18個作り、3個1組で6組作る。
5. p.57の作り方と同様に葉（大）5組（2組は貼らずに残しておく）、葉（小）10組を作る。

まとめ方

すべてのパーツの付け根から3cmシルクテープを巻く。レースを結ぶ分の2cmあけてパーツを巻いていく。

パーツの順序（1〜2cm間隔で巻き付ける）
レースを結ぶ→花H→花F→実→花A+葉（小）→花H→葉（大）→花D→花A+葉（小）→実→花H→花B+葉（小）→花H→花G→実→花B+葉（小）→花H→葉（大）→花C→花B+葉（小）→実→花H→花A+葉（小）→花H→花F→実→花A+葉（小）→花H→葉（大）→花E→花B+葉（小）→実→花H→花B+葉（小）→花H→花G→花B+葉（小）→レースを結ぶ
ワイヤー2本を残してカットし、残しておいた葉（大）2枚ずつで両端を挟む。

Veriteco
花と手仕事のアトリエ

　花と自然をモチーフに作られたアイテムを中心にVeritecoのオリジナルアクセサリーと国内のクリエイターさんの作品を販売しているアトリエショップです。

　ていねいに心を込めて作った手作りの品は、じっくりとお手に取ってご覧いただきたいものばかり。古きよき街、西荻窪で時間の流れをゆったりと感じながら、手仕事にこだわった数々のアイテムをお楽しみください。

　月替わりの内容で開催しているワークショップは、店内の小さなアトリエで行なっています。アットホームな雰囲気のなか、この本で紹介したような布花の作品をお作りいただけます。

レッスン内容についてはblogにてお知らせします。
http://veriteco.exblog.jp

Shop Data

〒167-0054　東京都杉並区松庵3-2-13
ニューキャッスル西荻窪100号
JR中央、総武線　西荻窪駅南口より徒歩5分
tel&fax.03-3247-8783
営業時間：13:00 ～ 19:00(不定休)

ショップ営業日はshopのサイトでご確認ください。
http://veriteco.shop-pro.jp

Profile

Veriteco（ヴェリテコ）

デザイナー：山代真理子
デザイン専門学校を卒業後、百貨店、アパレル会社、雑貨店、手芸店などの勤務を経て2007年からVeritecoとして天然の素材や染料にこだわった手作りアクセサリーを製作、販売している。多数の雑誌や書籍などで、作品とレシピの提供をしている。

型紙

　この本に登場する作品の型紙です。
型紙は、コピーしたり、直接写してお使いください。
すべて実物大で掲載しています。

型紙を使用するときには、以下の点にご注意ください。

・型紙はすべて出来上がり線を示していますので、
　線上をカットせずに、線を残してカットするようにしてください。

・印付けペンの成分によっては、染色した布が変色する場合が
　ありますのでご注意ください。

　型紙は、厚紙などに貼ってカットしておくと、繰り返し使えるので便利です。この本のように複数枚の印つけをするような場合には、この方法がおすすめです。

花一輪のピアス、ヘアピン、指輪 … *p.6, p.52*

①　②　③

ローズマリーのブレスレット … *p.9, p.54*

④　⑤　⑥　⑦　⑧

花びら色に染まるバラのコサージュ … *p.10, p.55*

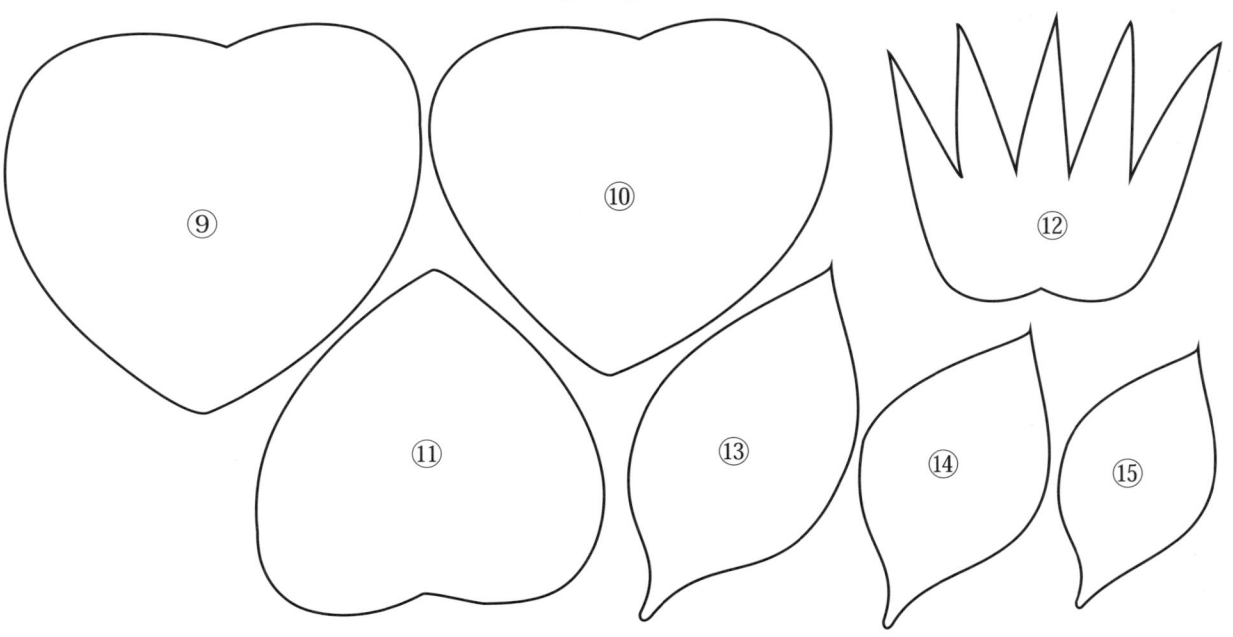

⑨ ⑩ ⑫
⑪ ⑬ ⑭ ⑮

ふわり花びらを重ねたヘアゴム … *p.11, p.58*　　**大きな紫陽花のコサージュ** … *p.12, p.60*

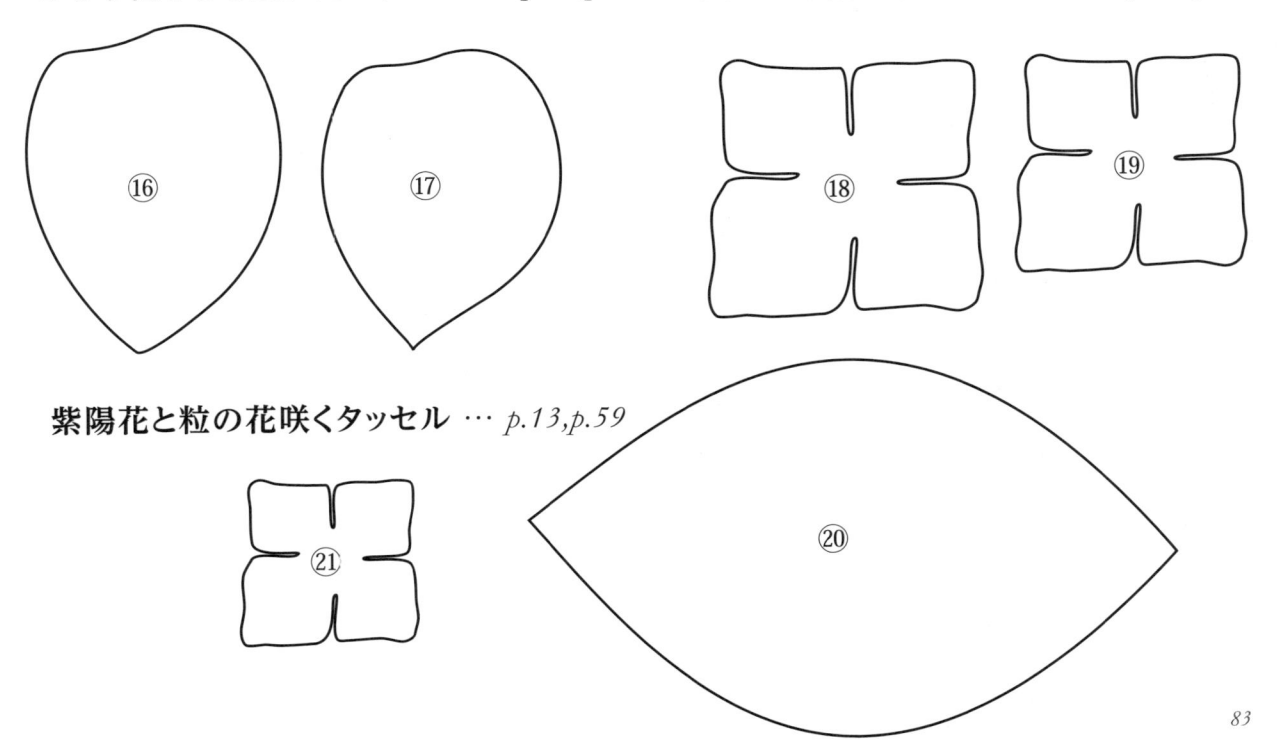

⑯ ⑰　　⑱ ⑲

紫陽花と粒の花咲くタッセル … *p.13, p.59*

㉑ ⑳

シフォンの花と小さなかすみ草のクリップ …p.14, p.62

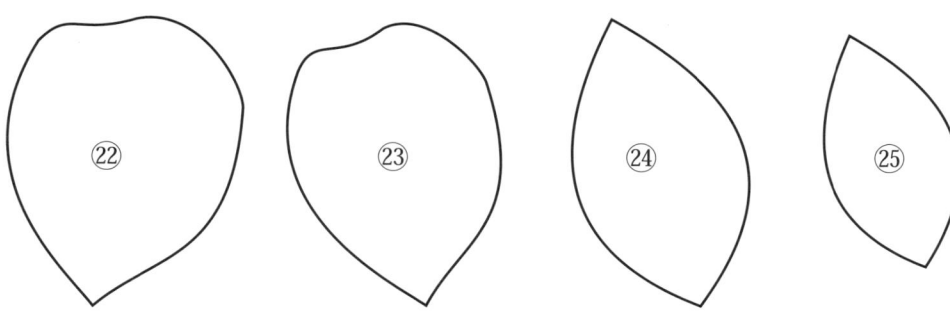

㉒ ㉓ ㉔ ㉕

野の花にカモミールを添えて … p.15, p.64

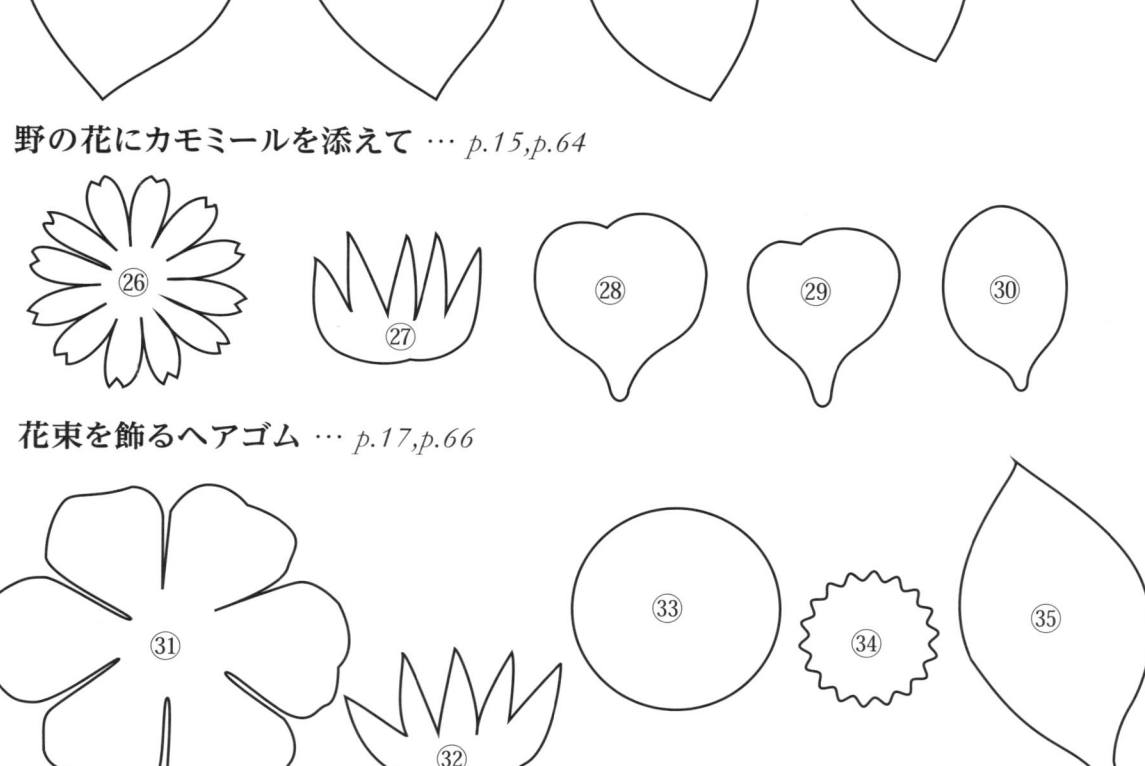

㉖ ㉗ ㉘ ㉙ ㉚

花束を飾るヘアゴム … p.17, p.66

㉛ ㉜ ㉝ ㉞ ㉟

小さなブーケの耳飾りとペンダント … p.18, p.68

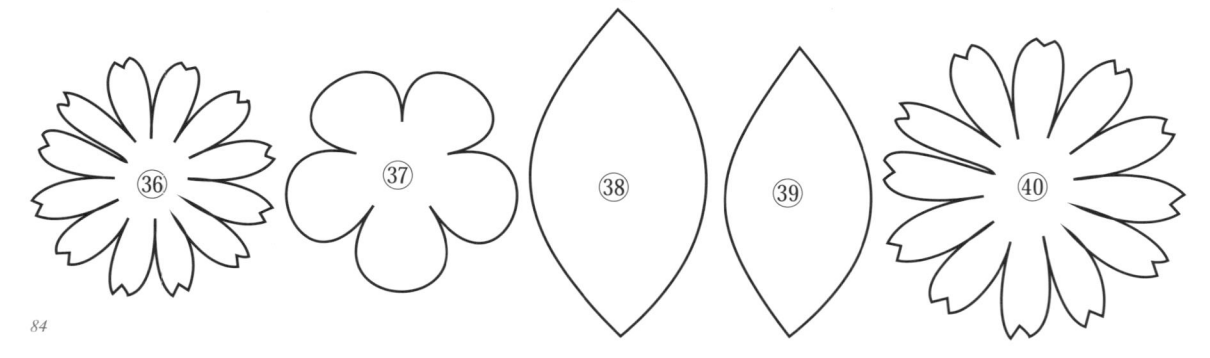

㊱ ㊲ ㊳ ㊴ ㊵

パンジーのブーケリボンコサージュ … *p.20, p.70*

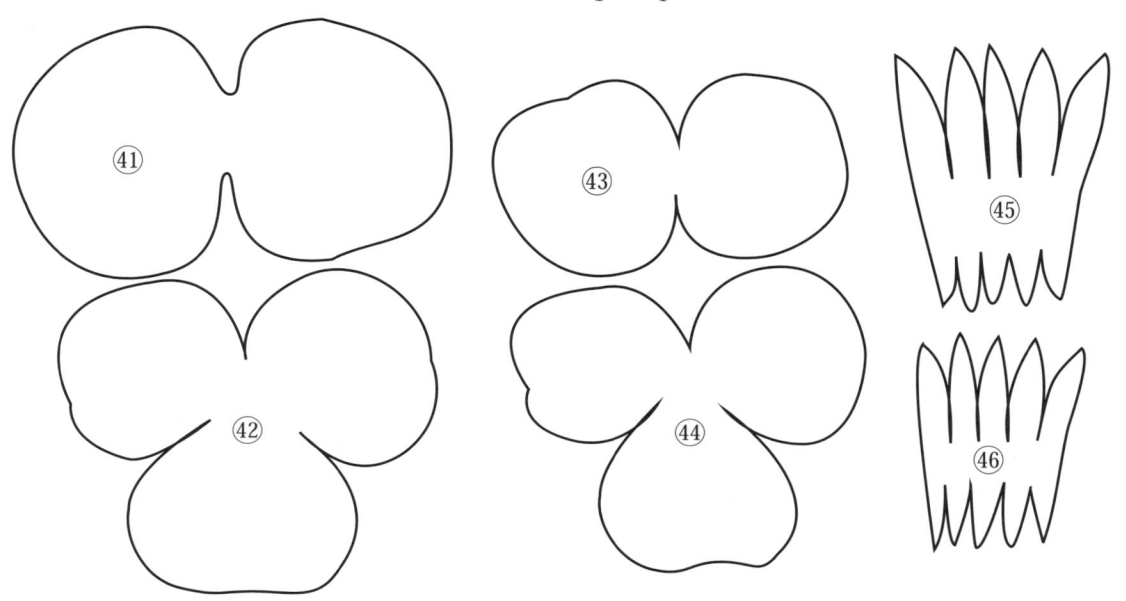

花と果実を結ぶリボンの首飾り … *p.22, p.73*

レースの揺れるヘアコーム … *p.25, p.74*

花畑のバレッタ … *p.21, p.72*

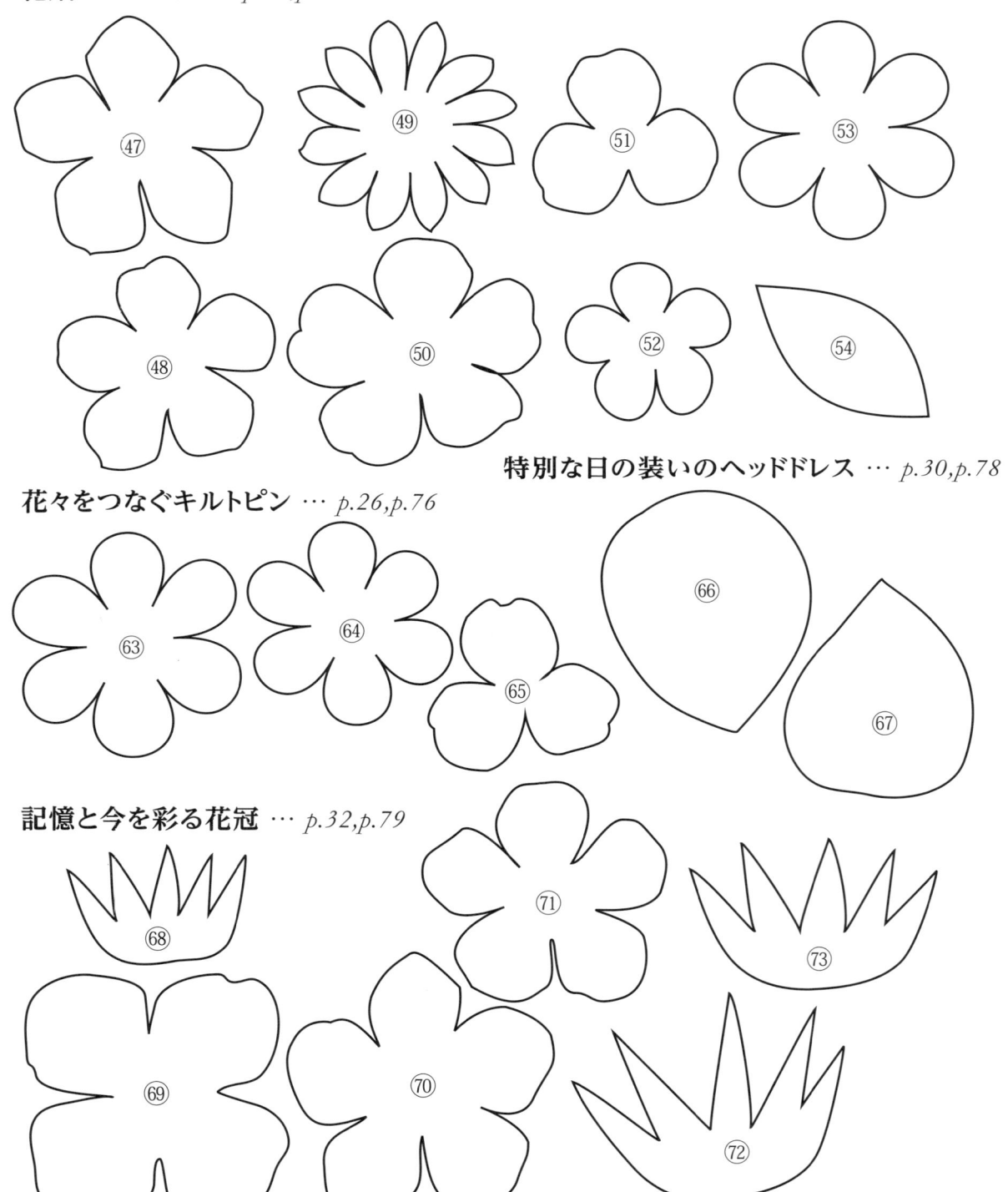

花々をつなぐキルトピン … *p.26, p.76*

特別な日の装いのヘッドドレス … *p.30, p.78*

記憶と今を彩る花冠 … *p.32, p.79*

協力してくださった方々（敬省略）

撮影場所＆撮影小物

antique finestaRt
（p.10-11,13,15,17,20）
http://www.finestart.co.jp

Hot water 2nd &4th Cafe
（p.1,6-9,12,14,16,18-19,21-35）
http://hotwater.jp

Maeuschen
（p.39-45）
http://maeuschen.main.jp

衣装

ADIEU TRISTESSE
（p.8-9,23,26〈ショールは私物〉,35）
congés payés ADIEU TRISTESSE
http://www.adieu-tristesse.jp

mifrel
（p18,19）
http://www.mifrel.co.jp

Rijoui
（p.12,14,25,31）
http://rijoui.com

Rosey Aphrodina
（p.1,29,32）
http://roseyaphrodina.petit.cc

ヘアメイク

jouer a cache cache（yoshico, asaka）
http://www.jouer-a-cache-cache.com/pc.html

撮影小物

オルネ ド フォイユ
http://www.ornedefeuilles.com

ボワズリー
http://www.ornedefeuilles.com/boiserie

mu・mu
http://www.mumu66.com

ハーブ提供

香詩苑
http://www.koujien.jp

材料提供

藍熊染料株式会社
http://www.aikuma.co.jp

オカダヤ新宿本店
http://www.okadaya.co.jp/shinjuku/

株式会社貴和製作所
http://www.kiwaseisakujo.jp

プロセス撮影協力

河口株式会社
http://www.t-k-kawaguchi.com

クロバー株式会社
http://www.clover.co.jp

著者
Veriteco 山代真理子
（ヴェリテコ）

Staff

ブックデザイン
橘川幹子

撮影
福井裕子

協力
齋藤優子

ヘアメイク
yoshico (jouer a cache cache)

協力
asaka (jouer a cache cache)

モデル
Mio (INFRAMINCE)

製作協力
浅田美樹雄、田中淑恵、三塚由香、山崎香織

編集協力
山岸綾子

企画・編集
長又紀子（グラフィック社）

ハーブで染める 花々のコサージュ
....
2013年3月25日　初版第1刷発行

著　者：Veriteco（ヴェリテコ）
発行者：久世利郎
発行所：株式会社グラフィック社
　　　　〒102-0073
　　　　東京都千代田区九段北1-14-17
　　　　tel.03-3263-4318(代表)
　　　　　 03-3263-4579（編集）
　　　　fax.03-3263-5297
　　　　郵便振替　00130-6-114345
　　　　http://www.graphicsha.co.jp

印刷・製本：図書印刷株式会社

定価はカバーに表示してあります。
乱丁・落丁本は、小社業務部宛にお送りください。小社送料負担にてお取り替えいたします。
著作権法上、本書掲載の写真・図・文の無断転載・借用・複製は禁じられています。
本書のコピー、スキャン、デジタル化等の無断複製は著作権法上の例外を除き禁じられています。
本書を代行業者等の第三者に依頼してスキャンやデジタル化することは、たとえ個人や家庭内での利用であっても著作権法上認められておりません。

ISBN978-4-7661-2437-8
printed in Japan